MAJOR LEAGUE SPORTS

LES SPORTS DES LIGUES MAJEURES

MLS
LA MLS

B. Keith Davidson

A Crabtree Branches Book

Un livre de la collection Les branches de Crabtree

Crabtree Publishing
crabtreebooks.com

School-to-Home Support for Caregivers and Teachers

This high-interest book is designed to motivate striving students with engaging topics while building fluency, vocabulary, and an interest in reading. Here are a few questions and activities to help the reader build upon his or her comprehension skills.

Before Reading:

- What do I think this book is about?
- What do I know about this topic?
- What do I want to learn about this topic?
- Why am I reading this book?

During Reading:

- I wonder why...
- I'm curious to know...
- How is this like something I already know?
- What have I learned so far?

After Reading:

- What was the author trying to teach me?
- What are some details?
- How did the photographs and captions help me understand more?
- Read the book again and look for the vocabulary words.
- What questions do I still have?

Extension Activities:

- What was your favorite part of the book? Write a paragraph on it.
- Draw a picture of your favorite thing you learned from the book.

Soutien de l'école à la maison pour les parents, les gardiens et les enseignants

Ce livre très intéressant est conçu pour motiver les élèves en difficulté d'apprentissage grâce à des sujets captivants, tout en améliorant leur fluidité, leur vocabulaire et leur intérêt pour la lecture. Voici quelques questions et activités pour aider le lecteur ou la lectrice à développer ses capacités de compréhension.

Avant la lecture

- De quoi ce livre parle-t-il?
- Qu'est-ce que je sais sur ce sujet?
- Qu'est-ce que je veux apprendre sur ce sujet?
- Pourquoi je lis ce livre?

Pendant la lecture

- Je me demande pourquoi...
- Je suis curieux de savoir...
- En quoi est-ce semblable à quelque chose que je sais déjà?
- Qu'est-ce que j'ai appris jusqu'à présent?

Après la lecture

- Qu'est-ce que l'auteur veut m'apprendre?
- Nomme quelques détails.
- Comment les photographies et les légendes m'aident-elles à mieux comprendre?
- Lis le livre à nouveau et cherche les mots de vocabulaire.
- Ai-je d'autres questions?

Activités complémentaires

- Quelle est ta section préférée de ce livre? Rédige un paragraphe à ce sujet.
- Fais un dessin représentant l'information que tu as préférée dans ce livre.

TABLE OF CONTENTS

TABLE DES MATIÈRES

ALL YOU NEED IS A BALL

TOUT CE QU'IL FAUT, C'EST UN BALLON

Soccer is one of the most popular sports in the world. It's also a sport almost anyone can play—all you need is a ball, a bit of space, and something to mark off a goal. Perhaps it's the simplicity that has people calling it the "beautiful game."

Le soccer est l'un des sports les plus populaires au monde. Il s'agit aussi d'un sport que presque tout le monde peut pratiquer – tout ce qu'il faut, c'est un ballon, un peu d'espace et quelque chose pour délimiter les buts. C'est peut-être sa simplicité qui lui donne le surnom de « beau jeu ».

Soccer, or football, is believed to have developed from the ball games played by the ancient Greeks and Romans.

On croit que le soccer, ou football, est l'évolution de jeux de balle joués par les Grecs anciens et les Romains.

SOCCER– A MAJOR SPORT?

LE SOCCER – UN SPORT DE LIGUE MAJEURE?

There are four major sports in North America: football, basketball, baseball, and hockey. For a long time, it didn't seem like soccer was going to break through into this market. Thanks to Olympic success and the spread of youth soccer leagues, Major League Soccer (**MLS**) has taken off in North America.

Il y a quatre sports de ligue majeure en Amérique du Nord : le football, le basketball, le baseball et le hockey. Pendant longtemps, on ne pensait pas que le soccer allait percer ce marché. Grâce au succès des Jeux olympiques et à la popularité grandissante des ligues de soccer pour les jeunes, la Major League Soccer (**MLS**) a été lancée en Amérique du Nord.

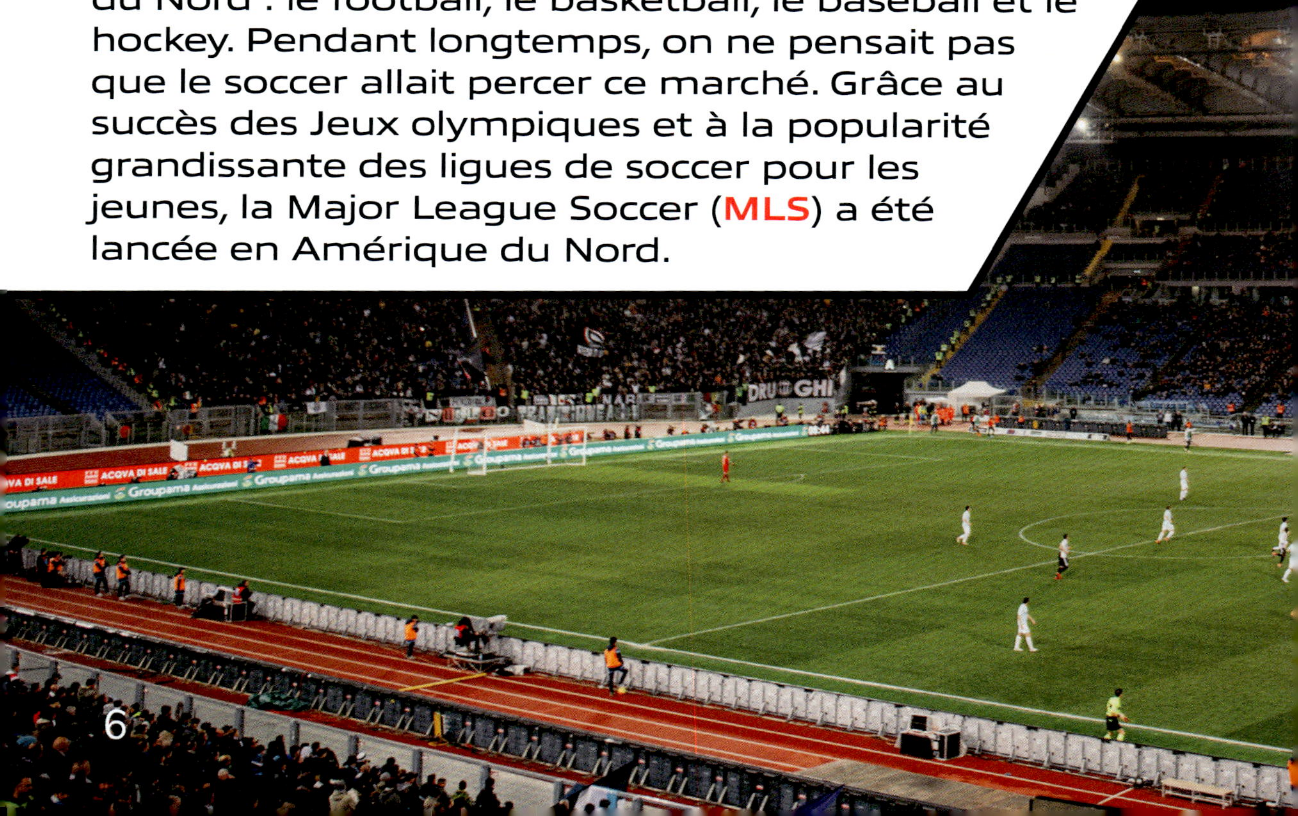

FUN FACT   FAIT AMUSANT

Freddy Adu, at the age of 14, became the youngest pro athlete in history when he joined the DC United team in 2004. He scored five goals that year.

Freddy Adu, à l'âge de 14 ans, est devenu le plus jeune athlète professionnel de l'histoire lorsqu'il a rejoint l'équipe DC United en 2004. Il a marqué cinq buts cette année-là.

IT'S ALL IN THE LEGS
TOUT EST DANS LES JAMBES

There are many different kicks in soccer and each one has a name. For example, the **heel kick** is used for short passes. From the impressive **bicycle kick** to the fancy footwork of the keepy-uppy, soccer moves require players to use only their feet, thighs, and head—no hands!

Il existe différents types de coups de pied au soccer et chacun a un nom. Par exemple, la **talonnade** est utilisée pour les passes courtes. De l'impressionnante **bicyclette** au jeu de jambes sophistiqué des jongleries, les mouvements de soccer exigent des joueurs qu'ils utilisent leurs pieds, leurs cuisses et leur tête – mais jamais leurs mains!

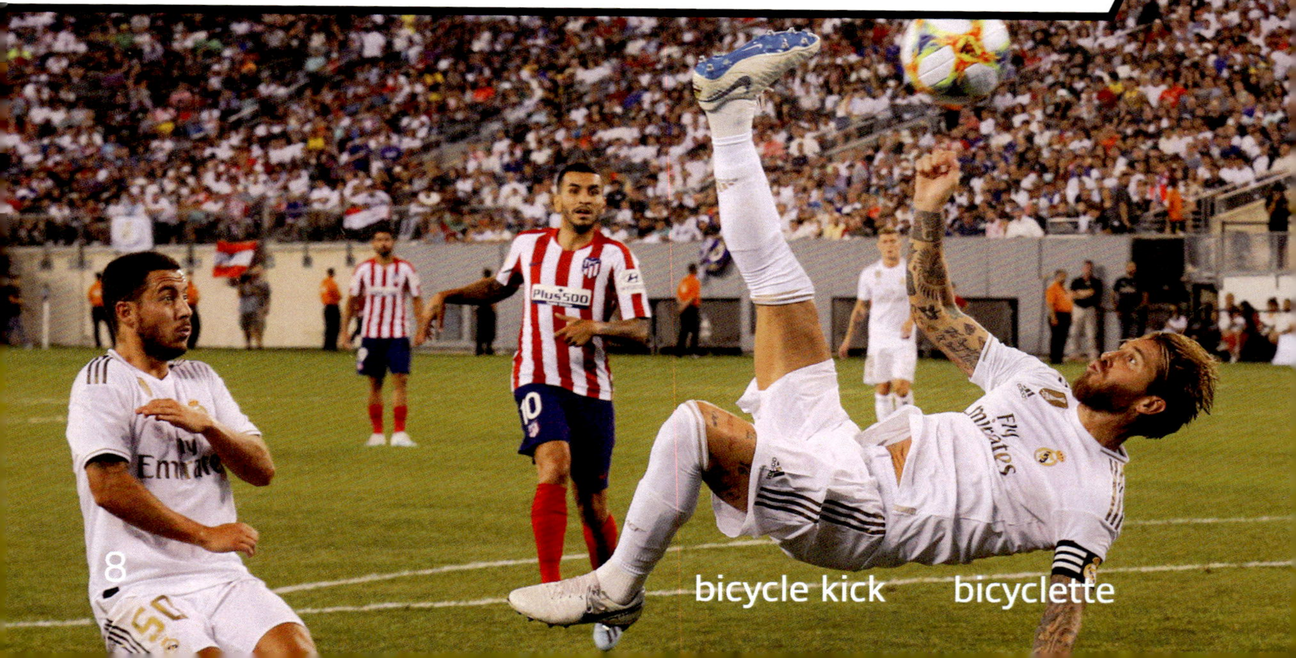

bicycle kick bicyclette

keepy-uppy
jonglerie
heel kick
talonnade

MIDFIELD
LE MILIEU DU TERRAIN

Midfielders play between the forwards and the defense. Their job is to be a passer and **playmaker**, while always being ready to provide defense. Cristian Roldan and Alexandru Mitrita are well-known for their skills as midfielders.

Les joueurs du milieu jouent entre les attaquants et la défense. Leur travail consiste à être des passeurs et des **meneurs de jeu**, bien qu'ils soient toujours prêts à assurer la défense. Cristian Roldan et Alexandru Mitrita sont reconnus pour leurs aptitudes de joueurs du milieu.

This diagram shows the players in the areas they are responsible for protecting. In a game, they move up and down the field following the play.

Ce graphique démontre les joueurs dans les zones qu'ils sont responsables de protéger. Dans une partie, ils se déplacent de haut en bas sur le terrain en suivant le jeu.

DEFENSE
LA DÉFENSE

From the **kickoff**, fullbacks focus on defending. They do not score a lot of goals, but their skill shows through in a low scoring game. They must be able to block the opposing forwards, take the ball, and then quickly get the ball moving towards the other team's goal.

Dès le **coup d'envoi**, les défenseurs se concentrent sur la défense. Ils ne marquent pas beaucoup de buts, mais leurs aptitudes se manifestent dans une partie où il n'y a pas beaucoup de buts. Ils doivent être capables de bloquer les attaquants adverses, de s'emparer du ballon et de l'envoyer rapidement en direction du but de l'autre équipe.

YouTubeTV

BMO

MOVING FORWARD
LE DÉPLACEMENT AVANT

Forwards, also known as strikers, have the job of scoring goals. The biggest moment for a forward may be the **corner kick**, where everyone rushes the net to get a foot or head on the ball.

Le travail des attaquants, aussi appelés avants, est de marquer des buts. Le moment le plus fort pour un attaquant est probablement le **coup de pied de coin**, lorsque tout le monde se précipite vers le filet pour mettre le pied ou la tête sur le ballon.

Chris Wondoloski

Sean Davis

FUN FACT FAIT AMUSANT

Chris Wondoloski is the league's all-time leading goal scorer with 166 goals.

Chris Wondoloski est le plus grand marqueur de buts de tous les temps dans la ligue, avec 166 buts.

THE KEEPER
LE GARDIEN DE BUT

Always trying to guard that **far post**, a soccer goalkeeper has more net to worry about than any other sport's goalie. It may not seem fair to expect one person to guard that much net, but they are the only player allowed to use their hands.

Essayant toujours de garder le **deuxième poteau**, le gardien de but de soccer a un plus grand filet à surveiller que tout autre sport. Il ne semble peut-être pas juste de s'attendre à ce qu'une seule personne garde un filet aussi grand, mais il est le seul joueur autorisé à utiliser ses mains.

FUN FACT FAIT AMUSANT

Sixteen is the record for most **shutouts** in a season. It was set by Tony Meola when he played for the Kansas City Wizards.

Le nombre record de **jeux blancs** en une saison est de seize. Il a été établi par Tony Meola quand il jouait pour les Wizards de Kansas City.

CHEEZ-IT
55

Alaska

SHOOTOUT!
LA FUSILLADE

Many soccer games end in ties. A tie is settled by a **shootout**—one of the most nerve-racking and exciting situations in soccer. The goals come fast and furious, but when a goalkeeper makes a save, you can bet that it will be spectacular.

De nombreuses parties de soccer se terminent par une égalité. Une égalité est brisée par une **fusillade** – l'une des situations les plus stressantes et palpitantes au soccer. Les buts sont rapides et énergiques, mais quand un gardien de but fait un arrêt, tu sais qu'il sera spectaculaire.

Carlos Vela holds the record for most goals in a single season with 34.

Carlos Vela détient le record du plus grand nombre de buts dans une seule saison : 34.

REFEREES
LES ARBITRES

The referee makes sure the players follow the rules. Break a rule and the referee will call a **foul**, or hold up a card. A yellow card is a warning—the player gets to stay in the game. Serious fouls receive a red card and the player is out of the game.

Les arbitres s'assurent que les joueurs suivent les règles. Brise une règle et l'arbitre signalera une **faute** ou lèvera un carton. Un carton jaune est un avertissement – le joueur peut continuer à jouer. Les fautes graves reçoivent un carton rouge et le joueur est expulsé de la partie.

A second yellow card in a game is an automatic red card—the player is out.

Un deuxième carton jaune au cours d'une partie est un carton rouge automatique – le joueur est expulsé.

THE MLS CUP
LA COUPE MLS

After a 34-game season that starts in March and ends in October, the post-season playoffs begin. The league's top 18 teams play single games, elimination style, until there are only two teams left. These two teams play one last match for the MLS Cup.

Après une saison de 34 parties qui commence en mars et se termine en octobre, les séries éliminatoires commencent. Les 18 meilleures équipes de la ligue jouent des parties uniques de style éliminatoire jusqu'à ce qu'il ne reste que deux équipes. Ces deux équipes jouent une dernière partie pour remporter la Coupe MLS.

The first MLS Cup was won by DC United in 1996.

La première Coupe MLS a été remportée par le DC United en 1996.

Atlanta United celebrate winning the MLS Cup in 2018.

Le United d'Atlanta célèbre sa victoire à la Coupe MLS en 2018.

The Seattle Sounders won the Western Conference championship trophy in an MLS playoff match against Minnesota United, December 7, 2020. The Sounders went to the cup final, but were beaten 3-0 by South Carolina's Columbus Crew.

Les Sounders de Seattle ont remporté le trophée du championnat de la conférence Ouest lors d'une partie des séries éliminatoires de la MLS contre le United du Minnesota, le 7 décembre 2020. Les Sounders sont allés à la finale de la Coupe, mais ont été battus à 3-0 par le Columbus Crew de la Caroline du Sud.

FUN FACT FAIT AMUSANT

In 1996 when the MLS started there were 10 teams. Currently, there are 27 teams. In 2022, Charlotte FC will join the league. Sacramento Republic and St. Louis City SC will be added in 2023.

En 1996, au début de la MLS, il y avait 10 équipes. Maintenant, il y a 27 équipes. En 2022, le FC de Charlotte se joindra à la ligue. Le Republic de Sacramento et le SC de St. Louis City seront ajoutés en 2023.

DAVID BECKHAM

CAREER **2007-2012**
CARRIÈRE : **2007 À 2012**

POSITION
MIDFIELDER

POSITION
JOUEUR DU MILIEU

GAMES PLAYED ***PARTIES JOUÉES***	**98**
GOALS ***BUTS***	**91**
ASSISTS ***PASSES DÉCISIVES***	**40**
MINUTES PLAYED ***MINUTES JOUÉES***	**8,066**

ANDRE BLAKE

CAREER **2014-PRESENT**
CARRIÈRE : **2014 À PRÉSENTEMENT**

POSITION
GOALKEEPER

POSITION
GARDIEN DE BUT

GAMES PLAYED PARTIES JOUÉES	145
SAVES ARRÊTS	460
RECORD/ RECORDS	
WINS/ VICTOIRES	59
LOSSES/ DÉFAITES	54
TIES/ ÉGALITÉS	32
MINUTES PLAYED MINUTES JOUÉES	13,013

LANDON DONOVAN

CAREER **2001-2016**
CARRIÈRE : **2001 À 2016**

POSITION
MIDFIELDER

POSITION
JOUEUR DU MILIEU

GAMES PLAYED ***PARTIES JOUÉES***	**340**
GOALS ***BUTS***	**145**
ASSISTS ***PASSES DÉCISIVES***	**136**
MINUTES PLAYED ***MINUTES JOUÉES***	**28,898**

CHRIS WONDOLOWSKI

CAREER **2005-PRESENT**
CARRIÈRE : **2005 À PRÉSENTEMENT**

POSITION
FORWARD

POSITION
ATTAQUANT

GAMES PLAYED ***PARTIES JOUÉES***	**381**
GOALS ***BUTS***	**166**
ASSISTS ***PASSES DÉCISIVES***	**42**
MINUTES PLAYED ***MINUTES JOUÉES***	**28,491**

THE MLS
LA MLS

The MLS is not on top of the soccer world. The English Premier League, Bundesliga, and leagues all over Europe get more attention, but this scrappy little soccer league is gaining a reputation for tough play and determination.

La MLS ne règne pas sur le monde du soccer. L'English Premier League, la Bundesliga et des ligues partout en Europe bénéficient de plus d'attention, mais cette petite ligue de soccer se fait une réputation de jeu brutal et de détermination.

The MLS is inspiring the next generation of soccer stars on this side of the Atlantic.

La MLS inspire la prochaine génération d'étoiles du soccer de ce côté de l'Atlantique.

FUN FACT FAIT AMUSANT

The LA Galaxy have more regular season wins than any team playing in the MLS. They also have the most MLS Cup wins with five.

Le Galaxy de Los Angeles a un plus grand nombre de victoires en saison régulière que toute autre équipe de la MLS. Il a aussi remporté le plus grand nombre de Coupes MLS : 5.

GLOSSARY/GLOSSAIRE

bicycle kick (BYE-si-kuhl KIK): A difficult kick performed while player is horizontal in midair

corner kick (KOR-nur KIK): A kick awarded to the offensive team after the defensive team kicked the ball out of play

far post (FAR POHST): The goal post that is farthest from the player with the ball

foul (FOWL): An action in sports that is against the rules

heel kick (HEEL KIK): A kick performed by kicking the ball backwards with the heel

kickoff (KIK-off): The kick of a ball that begins the action in a game

MLS (EM-EL-ESS): Major League Soccer, a men's professional soccer league in North America

playmaker (PLAY-may-kur): An offensive player often involved in passing moves that lead to goals

shootout (SHOOT-out): A method of deciding a winner in which five players from each team take shots at getting the most balls in the net

shutouts (SHUHT-outs): Games in which one team prevents the other from scoring any points

bicyclette (bi-ssi-klèt) : Un coup de pied difficile réalisé pendant que le joueur est à l'horizontale dans les airs

coup d'envoi (cou dan-voa) : Le coup de pied du ballon qui lance la partie

coup de pied de coin (kou de pié de coin) : Un coup de pied accordé à l'équipe offensive après que l'équipe défensive ait frappé le ballon hors-jeu

deuxième poteau (deu-zièm po-to) : Le poteau du but qui est le plus loin du joueur qui détient le ballon

faute (fot) : Un geste contraire aux règles d'un sport

fusillade (fu-zi-yad) : Une méthode de décision d'un gagnant en cas d'égalité; cinq joueurs de chaque équipe tirent en alternance pour essayer de marquer le plus grand nombre de buts

jeux blancs (jeu blan) : Jeux dans lesquels une équipe empêche l'autre de marquer des points

meneurs de jeu (me-neur de jeu) : Des joueurs offensifs qui participent souvent aux mouvements de passe qui mènent à des buts

MLS (èm-èl-èss) : La Major League Soccer, ou ligue majeure de soccer, une ligue masculine de soccer professionnel en Amérique du Nord

talonnade (ta-lo-nad) : Un coup de pied effectué en frappant le ballon par l'arrière avec le talon

INDEX/INDEX

COOL FACTS/FAITS INTÉRESSANTS

In 2007, David Beckham became the first "designated player" when he signed with the LA Galaxy. A designated player can be paid much more than the salary cap allows—not a bad position to be in.

Nineteen wins is the longest streak that a team has ever put together. The Columbus Crew did it in 2004-05. The FC Dallas repeated the feat in 2010.

The MetroStars hold the record for longest losing streak with 12 games, back in 1999.

En 2007, David Beckham est devenu le premier « joueur titulaire désigné » quand il a signé un contrat avec le Galaxy de Los Angeles. Le salaire d'un joueur titulaire désigné peut être beaucoup plus élevé que ce que le plafond salarial permet. Ce n'est pas une mauvaise position!

La plus longue série de victoires consécutives d'une équipe est de dix-neuf. Le Crew de Columbus a réussi en 2004-2005. Le FC Dallas a répété l'exploit en 2010.

Les MetroStars détiennent le record du plus grand nombre de défaites consécutives avec 12 parties, en 1999.

WEBSITES FOR MORE COOL FACTS
SITES WEB POUR D'AUTRES FAITS INTÉRESSANTS

Les sites Web sont en anglais.

www.dkfindout.com/us/sports/soccer
www.cbc.ca/kidscbc2/games/new-soccer
https://kidskonnect.com/sports/soccer

ABOUT THE AUTHOR/À PROPOS DE L'AUTEUR

B. Keith Davidson

B. Keith Davidson grew up playing with his three brothers and a host of neighborhood children, learning about life through sports and physical activity. He now teaches these games to his three children.

B. Keith Davidson a grandi en jouant avec ses trois frères et une foule d'enfants du quartier. Il a appris la vie par les sports et l'activité physique. Il enseigne maintenant ces jeux à ses trois enfants.

Crabtree Publishing

crabtreebooks.com 800-387-7650

Written by/Auteur: B. Keith Davidson
Designed by/Conception: Jennifer Dydyk
Edited by/Révision: Tracy Nelson Maurer
Proofreader/Correctrice: Melissa Boyce
Translation/Traduction: Annie Evearts
Production manager/Coordinatrice à l'impression: Candice Campbell

Library and Archives Canada Cataloguing in Publication
Available at the Library and Archives Canada

Library of Congress Cataloging-in-Publication Data
Available at the Library of Congress

Published in Canada
Publié au Canada
Crabtree Publishing
616 Welland Avenue
St. Catharines, Ontario
L2M 5V6

Published in the United States
Publié aux États-Unis
Crabtree Publishing
347 Fifth Avenue
Suite 1402-145
New York, NY 10016

Photographs/Photographies: COVER/ COUVERTURE: top photo © Shutterstock.com/ Vasyl Shulga, players © John Raoux / Associated Press, PG 4: ©istock.com/Natee127, PG 5: ©istock.com/JerryPDX, ©istock.com/jacoblund, PG 6: © Gianni Tonazzini | Dreamstime.com, PG 7: ©Jarrett Campbell-Cary, North Carolina. creativecommons.org/licenses/by/2.0/deed.en, PG 8: ©shutterstock.com/Leonard Zhukovsky, PG 9: ©R. Gino Santa Maria/Shutterfree, Llc | Dreamstime.com, ©shutterstock.com/RTimages (top), PG 10: ©shutterstock.com/lev radin, PG 11: ©shutterstock.com/kckate16, PG 12: ©shutterstock.com/Jamie Lamor Thompson, PG13: ©shutterstock.com/Keeton Gale (top), © Marty Jean Louis| Dreamstime.com, PG 14: ©shutterstock.com/lev radin, PG 15: ©shutterstock.com/ lev radin (top), ©Jeff Mulvihill Jr. /Associated Press, PG 16: ©shutterstock.com/lev radin, PG 17: ©shutterstock.com/lev radin (all), PG 18: ©shutterstock.com/lev radin, PG 19: © shutterstock.com/lev radin, PG 20: ©shutterstock.com/ Jamie Lamor Thompson (top), ©shutterstock.com/ Eugene Onischenko, PG 21: © shutterstock.com/lev radin, ©shutterstock.com/ 9dream studio (inset), PG 22: © shutterstock.com/lev radin, PG 23: ©Ted S. Warren/Associated Press, PG 24: ©shutterstock.com/Photo Works, PG 25: © Marty Jean Louis | Dreamstime.com, PG 26: ©shutterstock.com/Photo Works, PG 27: ©Jeff Mulvihill Jr. /Associated Press, PG 28: istock.com/fotokostic, PG 29: ©shutterstock.com/betto rodrigues

Hardcover	978-1-0398-7000-0
Paperback	978-1-0398-6988-2
Ebook (pdf)	978-1-0398-7012-3
Epub	978-1-0398-7024-6

Printed in the U.S.A./Imprimé aux États-Unis/CP112025